© Copyright 2024 - Tous droits réservés

Le contenu de ce livre ne peut être reproduit, dupliqué ou transmis sans l'autorisation écrite directe de l'auteur ou de l'éditeur.

En aucun cas, aucun blâme ou responsabilité légale ne pourra être retenu contre l'éditeur, ou l'auteur, pour tout dommage, réparation ou perte monétaire dû aux informations contenues dans ce dossier ; directement ou indirectement.

Mentions légales :

Ce livre est protégé par le droit d'auteur. Ce livre est uniquement destiné à un usage personnel. Vous ne pouvez pas modifier, distribuer, vendre, utiliser, citer ou paraphraser une partie ou le contenu de ce livre sans le consentement de l'auteur ou de l'éditeur.

Avis de non-responsabilité :

Veuillez noter que les informations contenues dans ce document sont uniquement destinées à des fins éducatives et de divertissement. Tous les efforts ont été déployés pour présenter des informations exactes, à jour, fiables et complètes. Aucune garantie de quelque nature que ce soit n'est déclarée ou implicite. Les lecteurs reconnaissent que l'auteur ne s'engage pas dans la prestation de conseils juridiques, financiers, médicaux ou professionnels.

Le guide moderne de la publicité payante pour les propriétaires d'entreprise

Une introduction rapide aux publicités Google, Facebook, Instagram, YouTube et TikTok

Préface

Bonjour, lecteur !

Je tiens tout d'abord à souligner que ce livre est conçu comme un guide rapide et facile des plates-formes publicitaires modernes qui vous présentera le paysage publicitaire moderne et vous donnera les outils dont vous avez besoin pour sortir dans le monde et utiliser ces outils, dès que vous avez terminé le texte.

Il ne s'agit pas d'un guide exhaustif, ni d'une analyse exhaustive. Si c'est ce que vous recherchez, je vous suggère d'aller ailleurs. Si vous *êtes* à la recherche de l'essentiel, de conseils et d'astuces pour vous mettre à jour sur le sujet, bienvenue dans *Le guide moderne de la publicité payante pour les propriétaires d'entreprise*.

Introduction

Les personnes et les entreprises compétentes en matière de publicité payante ont essentiellement accès à une imprimante à billets. Il existe un excès de canaux publicitaires disponibles, allant de Facebook et TikTok à Google et YouTube. La plupart des publicités sont destinées à vendre un produit ou un service, bien que certaines grandes entreprises lancent des campagnes massives uniquement pour renforcer la bonne volonté de la marque. Les bonnes publicités conçues pour vendre un produit ou un service sont rentables à vie ; le bénéfice généré par les publicités est supérieur aux dépenses publicitaires, pas nécessairement à court terme, mais en tenant compte de la valeur client (LTV) à vie dérivée.

Étant donné que la publicité payante est si évolutive et touche des centaines de millions de personnes, les publicités rentables ou rentables sont un outil incroyablement précieux. Bien sûr, la publicité en ligne n'est pas un secret, et ce n'est pas facile. De nombreux opérateurs publicitaires fonctionnent à perte pour générer du trafic et des ventes vers leurs produits dans l'espoir que le marketing payant finisse par créer une dynamique organique.

Quelle que soit la rentabilité objective des dépenses publicitaires, une personne capable d'améliorer l'efficacité des publicités d'une entreprise, quelle que soit cette efficacité, vaut beaucoup d'argent pour cette organisation. Une personne qui excelle dans la publicité payante peut générer d'énormes quantités de trafic ciblé vers les sites Web de son choix, et de nombreux entrepreneurs individuels l'utilisent dans leurs propres activités.

Alors, qu'est-ce que la publicité payante ? Généralement, la publicité implique un entonnoir. Chaque entonnoir publicitaire comporte plusieurs étapes, qui présentent aux gens la marque et l'entreprise au niveau le plus élevé, et les transforment en clients payants au niveau le plus bas. Les entonnoirs n'ont pas toujours besoin d'être dirigés vers un point d'achat, mais simplement vers les indicateurs clés de performance identifiés dans les sections sur la marque et la stratégie sociale. Prenons l'exemple de l'entonnoir suivant d'une entreprise théorique :

Advertising Funnel

1. YouTube Ads
2. Website Landing Page
3. Prodoct/Checkout Page
4. Sale

La création d'excellents entonnoirs publicitaires payants ne concerne pas seulement les publicités. Au lieu de cela, chaque étape de l'entonnoir doit être optimisée pour amener le plus grand nombre de personnes possible à l'étape suivante. Dans le cas théorique, disons que 1 million de personnes voient la publicité YouTube d'une petite entreprise. Sur le million, seulement 10 000 cliquent sur l'annonce et accèdent à la page de destination. Ensuite, seulement

1 000 d'entre eux accèdent à la page de paiement du produit et 100 se transforment en vente. À n'importe quelle étape, une mauvaise étape dans l'entonnoir (par exemple, un mauvais site Web, une mauvaise publicité ou une mauvaise page de paiement) peut avoir un impact considérable sur les résultats. De cette manière, chaque étape doit être travaillée pour s'assurer que le meilleur entonnoir global possible est créé. Explorons des conseils pour créer et améliorer chaque étape de l'entonnoir.

En haut d'un entonnoir publicitaire payant se trouve une publicité, qui est montrée aux utilisateurs d'un média donné, tel qu'un site de réseautage social. Les publicités sont généralement l'étape de l'ensemble de l'entonnoir qui génère le moins de conversions, car les utilisateurs sont surexposés aux publicités sur la plupart des plateformes. Bien que le sujet de la création d'annonces soit exploré en profondeur dans les sections par plateforme publicitaire, concentrez-vous sur les éléments clés suivants (et sur toutes les plateformes) lors de la création d'annonces :

Créez en pensant à votre public. Vous ne créez pas une publicité pour tout le monde. Vous créez des publicités conçues pour trouver un écho auprès de votre public (vos futurs clients). Gardez ce groupe et ses problèmes spécifiques au centre de l'attention.

Rédaction/prise de parole. Selon le format (photo, vidéo, texte, etc.), vous disposez d'un court laps de temps pour communiquer un message à vos spectateurs. Dans les publicités vidéo, vous devez avoir une accroche concise (en fonction de la longueur), tandis que dans les publicités avec photo et texte, un titre accrocheur est impératif. Travaillez sur la simplicité et intégrez les slogans de marque identifiés dans la section stratégie de marque. Assurez-vous, avant tout, que si vous étiez à la place d'un client potentiel, vous continueriez à regarder votre propre publicité (demandez aussi à des amis, vous pourriez être un peu biaisé).

Design (visuels). Les visuels, ou images, dépendent du type de publicité que vous choisissez de produire. Les annonces vidéo sont visuellement différentes des graphiques ou des annonces textuelles. Lorsqu'il s'agit de publicités vidéo, les visuels et les éléments de conception doivent soutenir et renforcer le message et l'appel à l'action. Repensez à la section sur la stratégie de marque et basez la conception sur ces choix. Tenez compte du rythme et de la durée : vous souhaitez produire une publicité vidéo de 15 secondes, ou peut-être une vidéo plus longue de 2 minutes. Ces choix seront examinés en détail tout au long de la section Annonces YouTube. Pour les publicités basées sur des photos, il est encore plus important que les éléments visuels soutiennent le message et l'appel à l'action de l'annonce. Restez simple et conforme à la marque.

Message. Au-delà de l'accroche initiale, les bonnes publicités axées sur les produits transmettent clairement la valeur de leur entreprise et de leur offre aux téléspectateurs. La plupart identifient ou font allusion à un problème et décrivent la solution proposée, souvent d'une manière qui intègre la preuve sociale. Quel que soit le type de publicité que vous produisez, gardez le message à l'esprit et gardez-le court et percutant.

Appel à l'action. Les appels à l'action encouragent les clients à prendre les mesures qui mènent à votre KPI. Les appels à l'action peuvent prendre la forme de « acheter maintenant », « réserver un appel » ou « en savoir plus ». Quoi qu'il en soit, assurez-vous qu'il est visuellement clair et direct. Envisagez d'offrir une sorte d'incitation au-delà de la proposition de valeur de l'entreprise, comme une remise, un essai ou une récompense, et visez à augmenter l'urgence.

À la suite des conversions dérivées des annonces, les clients sont généralement dirigés vers une page de destination quelconque. Une page de destination est une ère Web autonome créée spécifiquement pour une campagne marketing. Vous pouvez également diriger les internautes vers un profil social de votre entreprise sur lequel vous souhaitez développer un public. La page de destination dirige généralement les utilisateurs vers la dernière étape de l'entonnoir, qu'il s'agisse de rejoindre une liste de diffusion, de visiter l'emplacement géographique d'un magasin ou d'acheter un produit en ligne. Lorsque vous créez des pages de destination ou des sites Web, tenez compte des bonnes pratiques suivantes :

Communiquez clairement un message. La plupart des gens cliqueront sur votre page de destination presque immédiatement. Votre page doit avoir un titre fort qui transmet de manière concise la valeur de la page (pourquoi un spectateur devrait rester). Vous pouvez utiliser le slogan de votre entreprise ou offrir une réduction. Quelle que soit la façon dont vous le faites, assurez-vous qu'une personne de votre public cible qui n'a jamais été exposée à votre entreprise voudra rester.

Des visuels éclatants et des textes convaincants.
Cela s'inscrit dans votre stratégie de marque dans son ensemble : assurez-vous que les visuels (qui sont indispensables !) et les couleurs de la page de destination communiquent l'ambiance de l'entreprise. Par exemple, si vous êtes une agence de design d'intérieur personnalisé, vous pouvez opter pour des couleurs claires et conviviales et des images de clients et de membres de l'équipe heureux. Si vous proposez des services de conseil en exploitation à des entreprises clientes, vous pouvez utiliser un ensemble de couleurs plus sombres et plus raffinées avec des visuels basés sur les données. De plus, assurez-vous que votre titre est suivi d'une rédaction concise mais percutante. Les témoignages, les photos avec les clients et les visuels de preuve sociale (tout ce qui communique que vous êtes réel et professionnel) fonctionnent tous bien.

Un appel à l'action fort. Votre appel à l'action incite les visiteurs de la page à effectuer une action qui les pousse plus loin dans votre entonnoir. Par exemple, « télécharger », « obtenir maintenant » et « réserver un appel » sont tous des appels à l'action. Assurez-vous que l'appel à l'action sur votre page de destination est clair et que tous les éléments de la page y conduisent. Vous pouvez offrir une sorte de réduction ou de récompense pour encourager les gens à répondre à l'appel à l'action.

Assurez-vous que le processus d'inscription à l'appel à l'action n'est pas difficile. En cliquant sur « réserver un appel » et en remplissant des pages d'informations personnelles, par exemple, vous réduirez considérablement les taux d'inscription, même une fois que vous aurez cliqué sur le bouton d'appel à l'action. Au lieu de cela, simplifiez et raccourcissez l'expérience client autant qu'il est raisonnablement possible.

Nous avons maintenant exploré les grandes étapes de la création d'un entonnoir publicitaire payant : d'abord l'annonce, puis la page de destination, et enfin l'appel à l'action et le comportement qui en résulte. Nous allons maintenant passer à une description des principales plateformes publicitaires et des meilleures pratiques pour chacune d'entre elles.

Google Ads

Google Ads est la plateforme publicitaire par excellence des moteurs de recherche. Il diffuse des publicités aux 70 000 personnes qui recherchent quelque chose sur Google chaque seconde et à ses quelque quatre milliards d'utilisateurs au total.

Google Ads affiche en moyenne un taux de clics de 2 %, ce qui signifie qu'un utilisateur sur cinquante clique sur une annonce régulière. 1,2 million d'entreprises utilisent Google Ads, tandis que les entreprises réalisent en moyenne 2 dollars de revenus pour chaque dollar publicitaire qu'elles dépensent.

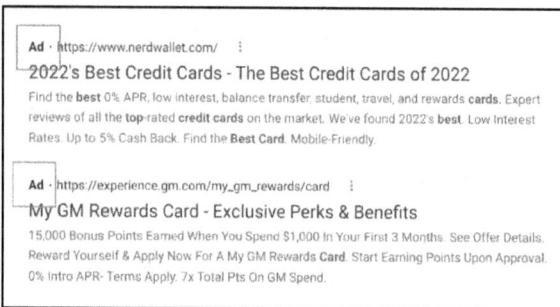

En résumé, Google Ads est un outil puissant pour tous les types d'entreprises. La plate-forme est construite sur un PPC, ou modèle de paiement par clic. Cela signifie que vous ne payez que lorsque votre annonce est cliquée : si 1 personne sur 100 clique sur l'annonce, vous ne payez que pour un clic, et non pour la centaine de vues (appelées impressions). Gardez à l'esprit les termes suivants non seulement lorsqu'il s'agit de Google Ads, mais aussi de toutes les plateformes d'annonces PPC :

- Un **mot-clé** Il s'agit d'un mot ou d'une expression recherché par les utilisateurs qui voient votre annonce.
- Le taux de clics, connu sous le nom de **CTR** ou **CTW (en anglais seulement)**, correspond au nombre de clics divisé par le nombre d'impressions, c'est-à-dire le nombre de personnes qui ont cliqué sur votre annonce par rapport au nombre de personnes qui l'ont vue (par exemple, si une personne sur cent clique sur une annonce, le CTR est de 1 %).

- Un **offre** C'est le montant que vous êtes prêt à payer pour chaque clic. Les plateformes publicitaires fonctionnent comme des maisons de vente aux enchères : étant donné que de nombreuses entreprises sont en concurrence pour les mêmes mots-clés, seule l'annonce avec l'enchère la plus élevée obtient le placement.[1]

- Votre **CPC**, ou coût par clic, correspond au coût des annonces divisé par le nombre de clics.

- **ROAS (en anglais seulement)**, ou le retour sur les dépenses publicitaires, est équivalent à la valeur totale de conversion (par exemple, les unités vendues ou les clients générés)

---

[1] Il s'agit d'une simplification. Tenez-vous-en à cela pour l'instant, mais gardez à l'esprit que la qualité compte, pas seulement le prix de l'offre.

divisée par les coûts totaux. Il est similaire à ce ROI, mais gardez à l'esprit qu'il est basé sur les revenus divisés par les coûts, et non sur les bénéfices.

En gardant ces conditions à l'esprit, **rendez-vous sur ads.google.com** pour commencer à utiliser Google Ads. Notez que Google offre 500 $ de crédit publicitaire gratuit aux nouveaux utilisateurs qui dépensent 500 $ en annonces.

Une fois que vous vous êtes inscrit avec votre adresse e-mail professionnelle, suivez quelques brèves étapes de configuration. Vous arriverez sur la page « il est maintenant temps de rédiger votre annonce ».

Lorsque vous rédigez un texte, concentrez-vous sur la simplicité. Vous disposez d'un espace limité, alors repensez à votre public cible et à votre message. Incluez un appel à l'action et assurez-vous que vos publicités correspondent à ce que les spectateurs vivront lorsqu'ils cliqueront sur la publicité et progresseront dans l'entonnoir. Utilisez la preuve sociale, et si vous avez l'intention de faire de la publicité localement, indiquez clairement que vous desservez une zone locale spécifique.

Sur la page suivante, choisissez des mots-clés spécifiques et pertinents que vous imaginez qu'une personne intéressée par votre produit ou service rechercherait. Ensuite, spécifiez les zones géographiques dans lesquelles vous souhaitez que votre annonce soit diffusée. Si vous êtes une entreprise avec un emplacement physique, optez pour l'hyper-local. Si ce n'est pas le cas, choisissez les zones qui représentent le mieux le groupe démographique que vous visez.

Enfin, choisissez un budget raisonnable (commencez petit, mais pas assez petit pour que les résultats soient difficiles à mesurer). Une fois que vous avez ajouté les informations de paiement, vous êtes prêt à partir ! Vous n'avez qu'à confirmer que l'offre de crédit de 500 $ est appliquée à votre compte (visible au fur et à mesure que vous ajoutez des informations de paiement).

L'algorithme Google Ads intègre un score de qualité dans les enchères. Pour cette raison, les nouveaux comptes et les nouvelles campagnes peuvent prendre un certain temps à se mettre en place et à être lancés - comprenez que c'est Google qui détermine la qualité de votre annonce, et non une faute de votre part.

Lorsque vous continuez à utiliser Google Ads, tenez compte des stratégies et des bonnes pratiques suivantes :

- **Titres et descriptions des tests A/B.** Le jeu de la publicité consiste à tester autant d'annonces et de mots-clés que possible, et à les trier pour identifier les plus performants. Pour ce faire, effectuez des tests A/B en créant de nouvelles annonces qui ne modifient qu'une seule variable des annonces les plus performantes. Par exemple, si votre annonce la plus performante est de cibler des personnes au Canada à l'aide du terme de recherche « acheter du matériel photo », essayez de faire de la publicité avec ce même mot clé au Royaume-Uni. Les tests fractionnés de cette manière au fil du temps, ainsi que la superposition de zones démographiques et d'intérêts (sur d'autres plates-formes ainsi que sur Google), sont la formule éprouvée pour le succès à long terme du PPC.

- **Éliminez les mots-clés et les emplacements peu performants au fil du temps.** En testant un grand nombre de mots-clés et en supprimant systématiquement ceux qui rapportent le moins, vous obtiendrez les annonces les plus rentables et les moins coûteuses.

- **Faites de la publicité sur les mots-clés de vos concurrents.** Si les gens recherchent des concurrents qui offrent des produits ou des services similaires aux vôtres, ils seront probablement également intéressés par vos produits et services. Il vous suffit donc d'ajouter les noms de vos concurrents en tant que mots-clés sur lesquels vos annonces s'afficheront. Lorsque vous utilisez cette stratégie, concentrez-vous sur ce qui vous différencie de la concurrence dans les titres et les descriptions.

Remarquez comment ces stratégies se déroulent dans une promotion de livre que je suis en train de gérer (ci-dessous). L'annonce fonctionne avec un faible CTR de 1 % et un CPC tout aussi bas de 0,05 $. Étant donné qu'environ 3 % des clics se transforment en vente et que le bénéfice moyen tiré de chaque vente est de 3,5 $, l'annonce génère un ROAS de profit de 1,8, soit 1,8 $ de marge brute pour chaque dollar dépensé en publicité.

En plus de ces stratégies globales, voici quelques outils qui peuvent vous aider à identifier les mots-clés et à optimiser les annonces :

- **SEMrush** : recherche et analyse de mots-clés puissants.
- **SpyFu :** suivi des mots-clés et recherche de la concurrence.
- **Répondez au public** : voyez ce que les gens recherchent.
- **ClickCease** : empêchez la fraude au clic et les fermes à clics.

- **Dashword** : optimisez le texte de l'annonce.

Je conclurai en réaffirmant que Google est de loin la plus grande plate-forme publicitaire au monde, avec des milliards de consommateurs qui cliquent sur ses publicités. Donnez-lui du temps et comprenez que la rentabilité ne dépend pas seulement de la chance lorsqu'il s'agit du succès du PPC, mais plutôt du travail que vous consacrez à l'optimisation des campagnes.

Annonces YouTube

En tant que premier site de partage de vidéos au monde, YouTube enregistre plus de deux milliards de visiteurs uniques par mois. Par rapport aux annonces Google textuelles, YouTube vous permet de vous adresser à un public d'une manière très visuelle et, si elle est bien faite, engageante.

Étant donné que Google est propriétaire de YouTube, YouTube Ads peut être configuré sur la plate-forme Google Ads, et YouTube vous permet de faire de la publicité pour des vidéos dans les résultats de recherche Google.[2] Nous nous concentrerons sur la publicité vidéo au sein de la plate-forme YouTube.

Les publicités YouTube peuvent être utilisées pour augmenter l'engagement et augmenter la croissance du nombre d'abonnés sur une chaîne YouTube, ou (ce qui est plus populaire) pour diriger les spectateurs vers le bas de l'entonnoir afin de s'engager avec une entreprise donnée. Dans la campagne ci-dessous, notez le CPV ou le coût par vue. Essentiellement, pour environ 100 $, cette campagne a permis de multiplier par 10 le nombre moyen de vues de la chaîne à l'époque, d'afficher la publicité à près de 300 000 personnes à proximité de l'entreprise derrière la

---

[2] Ainsi que la publicité d'annonces textuelles uniquement sur YouTube.

chaîne et de générer une traction d'abonnés importante.

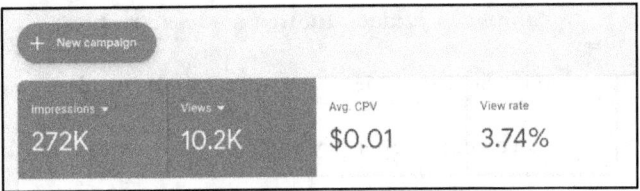

Vous pouvez également noter la campagne ci-dessous, qui a été conçue pour générer des clics et diriger les clients vers un site Web. L'un ou l'autre de ces modèles contrastés, ou une combinaison des deux, peut être utilisé en fonction de vos objectifs de stratégie numérique et sociale.

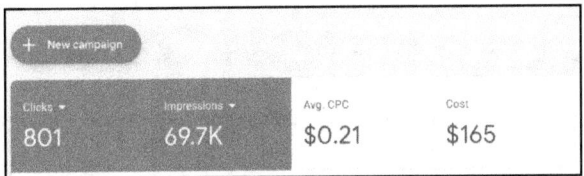

Maintenant, notez les différents types d'annonces YouTube, comme suit :

Annonces vidéo InStream désactivables: Ces publicités sont lues avant (pre-roll) ou pendant une vidéo (mid-roll) et peuvent être ignorées au bout de cinq secondes. Comme dans le modèle PPC, vous ne payez que si un spectateur clique sur l'annonce ou regarde la vidéo entière (si elle dure moins de trente secondes) ou les trente premières secondes.

Annonces vidéo InStream non désactivables: étant donné que la plupart des internautes de YouTube ignorent automatiquement les annonces au bout de cinq secondes, YouTube propose des annonces InStream non désactivables. Ces publicités, qui peuvent durer jusqu'à 15 secondes, ne peuvent pas être ignorées par les utilisateurs et sont lues avant ou pendant une vidéo. Cependant, YouTube facture les impressions pour les annonces non désactivables, par opposition aux annonces par clic ou par vue. Ainsi, l'augmentation du coût des publicités non désactivables doit être mise en balance avec l'augmentation de l'engagement.

Annonces de découverte : Ces annonces s'affichent à côté des résultats de recherche, et non avant ou pendant une vidéo. Contrairement aux spectateurs qui regardent directement la vidéo, ils ont la possibilité de cliquer dessus et d'être dirigés vers la vidéo ou la chaîne associée. Les annonces Discovery permettent d'ajouter trois lignes de texte en plus d'une vidéo, et c'est pour cette raison qu'elles conviennent aux entreprises qui ont un texte accrocheur (en particulier des scripts de copie qui ont bien fonctionné sur d'autres plateformes publicitaires) et qui mettent moins l'accent sur l'approche vidéo uniquement.

Pour configurer une campagne initiale, connectez-vous à votre compte Google Ads ou inscrivez-vous à ads.google.com (notez que le crédit de 500 $ sur votre compte Google Ads peut également s'appliquer à YouTube Ads).

Cliquez sur « Nouvelle campagne ». Choisissez un objectif de campagne, comme vous le feriez lors de la configuration d'une annonce Google, et lorsque vous sélectionnez le type de campagne, assurez-vous de choisir « vidéo ».[3] Vous devrez peut-être configurer le suivi des conversions, qui est une simple intégration

---

[3] Vous pouvez également accéder directement à la page de configuration de l'annonce vidéo en tapant « annonces youtube » sur Google.

de site Web, en fonction de l'objectif que vous choisissez.

Ensuite, sélectionnez le sous-type de campagne (l'un des types d'annonces décrits ci-dessus). Ignorez les termes « outstream » et « séquence d'annonces » pour l'instant. Choisissez la langue de l'annonce, les emplacements où vous souhaitez faire de la publicité, l'objectif de la campagne (la sélection automatique est acceptable, et il n'est pas nécessaire de définir un coût par action cible en tant que nouvel utilisateur) et votre budget.

Vous pouvez désormais créer une audience personnalisée, qui intègre les données démographiques, les centres d'intérêt et le remarketing (par exemple, les utilisateurs qui ont déjà interagi avec votre contenu ou votre site Web). Concevez votre audience personnalisée autour du public cible que vous avez défini pour votre entreprise dans la section Stratégie de marque. Assurez-vous de ne pas être trop précis, sinon la portée de l'annonce sera limitée. En ce qui concerne les placements, si vous débutez dans le domaine de la publicité en ligne, ratissez large grâce à quelques dizaines de mots-clés, de sujets et de placements qui correspondent à votre public cible. Google le fera pour vous en fonction du contenu de la vidéo avec laquelle vous faites de la publicité, vous pouvez donc également choisir de laisser les emplacements comme « n'importe lequel ».

Vous devrez peut-être ajouter du contenu pour une bannière d'accompagnement, si c'est le cas, laissez simplement Google le générer automatiquement pour vous. Enfin, assurez-vous de choisir un appel à l'action et un titre forts à afficher sous la publicité vidéo.

Vous êtes maintenant prêt à cliquer sur « créer une campagne ». Votre annonce devrait commencer à être diffusée dans les heures qui suivent. Gardez ces stratégies et conseils à l'esprit lorsque vous continuez à utiliser YouTube Ads :

Assurez-vous que votre **compte Google Ads est associé à votre chaîne YouTube**. Pour ce faire, cliquez sur « outils et paramètres », « configuration » et « comptes liés ».

Définissez les annonces YouTube sur non répertoriées. Les annonces YouTube doivent être mises en ligne sur YouTube. Si vous avez l'intention d'utiliser des vidéos pour des publicités, mais que vous ne souhaitez pas qu'elles soient publiques sur votre chaîne principale, il vous suffit de définir la visibilité sur « non répertorié » dans les paramètres vidéo. De plus, téléchargez les applications YouTube Studio et Google Ads pour des analyses en déplacement.

Dans une étude menée par Unskippable Labs, **les publicités YouTube désactivables de 30 secondes se sont avérées avoir le taux de visionnage (VTR) le plus élevé.** Les cinq premières secondes environ sont les plus importantes : concentrez une publicité sur la proposition de valeur, le pitch, le slogan ou l'offre faite dans ce laps de temps initial.

Concevez des publicités spécialement conçues pour être visionnées sur mobile ou sur ordinateur. Les annonces destinées à être visionnées sur mobile doivent comporter des éléments textuels et graphiques de grande taille et clairs. Le bureau alloue plus d'espace aux éléments créatifs et aux fonctionnalités de conception.

Tirez parti des expériences de campagne. Les tests de campagne (similaires aux tests A/B sur Facebook, comme c'est le cas prochainement) permettent aux utilisateurs de copier des publicités et de modifier une ou plusieurs variables. Cela vous permet de tester l'impact de la modification de certaines variables, telles que les mots clés, les pages de destination ou les audiences, sur les performances des annonces.

La qualité l'emporte. Il en va de même pour l'authenticité. La qualité et l'authenticité représentent deux approches opposées de la publicité : par exemple, une publicité digne du Superbowl avec des acteurs célèbres, des décors complexes et des effets visuels, par rapport à une personne qui enregistre sur son iPhone 6 dans son salon. Les deux thèmes fonctionnent : prenez le temps de réfléchir au type de thème et de style publicitaire global qui correspond à votre marque et communique avec votre public de la meilleure façon possible. Faire appel à une aide extérieure pour créer de superbes publicités est presque toujours la bonne décision.

Apprenez de vos concurrents et de vous-même. Si des concurrents proposant des produits ou des services similaires aux vôtres diffusent des publicités YouTube depuis un certain temps, ils ont probablement compris quelque chose. Utilisez leurs publicités comme point de données lorsque vous réfléchissez à la façon de concevoir vos publicités et vos campagnes. De plus, si vous avez réussi sur d'autres plateformes publicitaires, intégrez ces enseignements dans votre processus de création et d'optimisation des annonces YouTube. Il est préférable de considérer vos activités de marketing combinées (en particulier sur les plateformes publicitaires numériques) comme un réseau qui apprend de manière exponentielle ce qui fonctionne et ce qui ne fonctionne pas au fil du temps.

Nous avons maintenant couvert les publicités YouTube, la prochaine étape étant le mastodonte des publicités sociales.

Facebook (en anglais seulement Annonces

Alors que Google est peut-être la plate-forme publicitaire par excellence du moteur de recherche (navigateur), Facebook est la plate-forme publicitaire classique des médias sociaux. Facebook compte près de trois milliards d'utilisateurs actifs mensuels, tandis que le taux de conversion moyen (CTR) des publicités Facebook est d'environ 9 %, et 41 % des détaillants interrogés ont déclaré que leur ROAS était le plus élevé sur Facebook. Facebook est également une plate-forme publicitaire puissante en ce sens qu'elle fournit une gamme d'outils permettant aux annonceurs de cibler avec précision les personnes qu'ils cherchent à atteindre, par exemple par le biais d'intérêts, de comportements, d'historique, etc. Bien que la ciblabilité des publicités Facebook ait diminué ces derniers temps en raison de préoccupations en matière de confidentialité, elle présente toujours des outils de ciblage très puissants par rapport à la plupart des grandes plateformes publicitaires.

Les publicités Facebook sont intégrées à Instagram (puisque Meta, anciennement Facebook, possède à la fois Facebook et Instagram) dans la mesure où les publicités créées via Facebook peuvent être diffusées simultanément sur Instagram.

Enfin, Facebook dispose d'un « pixel Meta » (anciennement pixel Facebook) qui est un morceau de code ajouté à votre site web. Cela vous permet de suivre efficacement les actions que les clients effectuent par le biais des publicités Facebook afin de mieux surveiller les conversions et les indicateurs de résultats. Le pixel Facebook vous permet également de recibler les clients plus tard, car il suit leurs actions une fois qu'ils visitent votre site Web et agrège ces données pour optimiser automatiquement les publicités. Les pixels peuvent même être configurés sur votre site Web avant même que vous ne commenciez à utiliser les publicités Facebook.

Pour ce faire, rendez-vous dans « Gestionnaire d'événements » sous « Tous les outils » à business.facebook.com. Cliquez sur « connecter les sources de données », « web », puis sélectionnez

« Meta Pixel ». Cliquez sur Connecter, puis donnez-lui un nom et saisissez l'URL de votre site Web. Vous pourrez vous connecter automatiquement à WordPress. Si vous avez choisi d'utiliser un autre fournisseur de site Web que WordPress, recherchez un tutoriel sur la façon d'installer manuellement le pixel dans ce système.

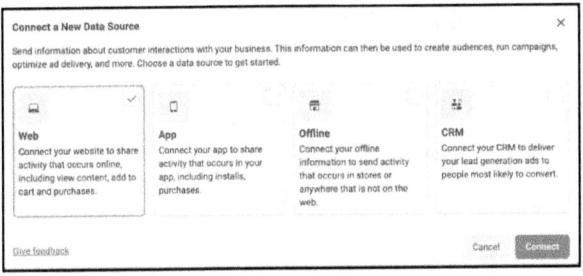

Une fois le pixel intégré, vous pouvez configurer des événements. Les événements sont des actions que les gens effectuent sur votre site Web, comme l'achat d'un produit, l'inscription à une liste de diffusion ou la prise de rendez-vous. Bien que vous puissiez configurer des événements manuellement, il est plus facile de le faire via l'outil de configuration des événements, qui se trouve dans le Gestionnaire d'événements Meta.

Une fois le pixel correctement installé et les événements créés, explorons la plate-forme publicitaire Facebook et la configuration de la campagne.

Vérifiez que vous êtes connecté à votre compte professionnel Facebook. Ensuite, rendez-vous sur facebook.com/adsmanager/manage/campaigns, qui vous amène directement au gestionnaire de publicités. Assurez-vous de télécharger l'application Meta Ads Manager pour l'analyse mobile.

Ensuite, cliquez sur le bouton « créer » sous Campagnes et choisissez un objectif de campagne. La plupart des petites entreprises optent pour les ventes, les prospects ou la notoriété. Une fois choisi, vous serez redirigé vers la nouvelle page de campagne. Les publicités Facebook fonctionnent à trois niveaux :

Campagnes Définissez les objectifs de premier niveau de votre publicité, tels que l'objectif, et facilitez le regroupement des différentes campagnes en fonction de l'objectif qui leur est attribué.

Ensembles de publicités sont un niveau en dessous des campagnes et définissent une certaine audience à laquelle les publicités sont diffusées. Ici, vous allez également définir le budget, le calendrier et les enchères. Finalement, un **annonce** c'est ce que les clients voient. Au niveau de l'annonce, vous allez ajouter du texte, des visuels et un bouton d'appel à l'action.

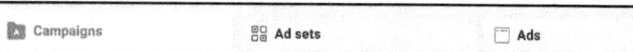

Ainsi, chaque ensemble de publicités peut avoir plusieurs publicités, et chaque campagne peut avoir plusieurs ensembles de publicités. Lors de la configuration, vous serez invité à créer une campagne, un ensemble de publicités et une publicité.

De retour sur l'écran de configuration de la campagne, choisissez un nom, désactivez le « test A/B » (car il est plus facile de le faire dans la barre d'outils du gestionnaire de publicités), activez « Budget de la campagne avantage » et appuyez sur suivant.

Désormais, sur la page de création de l'ensemble de publicités, vous pouvez définir l'audience que vous souhaitez atteindre. Connectez votre pixel, activez la création dynamique et définissez un budget. Il est préférable de répartir votre budget sur plusieurs annonces (pour finalement vous concentrer sur les annonces les plus performantes) plutôt que de tout dépenser pour une seule annonce.

Ensuite, choisissez votre audience. Les audiences peuvent être personnalisées en fonction de l'emplacement, de l'âge, du sexe, des connexions, des données démographiques, des centres d'intérêt, des langues et des comportements. Encore une fois, les publicités sont vraiment axées sur l'expérimentation, vous devez donc viser à tester une variété d'audiences au fil du temps. Pour l'instant, personnalisez l'audience en fonction du type de client que vous servez. Ne ressentez pas le besoin d'utiliser toutes les options de ciblage : si votre clientèle n'est pas biaisée en faveur d'un certain sexe, par exemple, laissez-la simplement comme « tous les genres ». Bien qu'il soit généralement préférable de garder la sélection de l'audience spécifique pour commencer, assurez-vous que l'audience que vous avez choisie n'est pas trop petite. Si ce n'est pas le cas, vous ne serez pas en mesure de générer suffisamment d'impressions ni de conversions significatives. Activez le « ciblage détaillé des avantages » et assurez-vous d'enregistrer l'audience pour une utilisation ultérieure et des tests A/B. Laissez l'option « Objectif de coût par résultat » vide pour l'instant.[4]

Vous pouvez maintenant accéder à la page de configuration de l'annonce. Assurez-vous que les comptes Facebook et Instagram connectés sont

---

[4] Comme le coût par résultat varie considérablement, il est donc préférable de ne fixer un objectif qu'après avoir établi une base de référence.

corrects. Ensuite, choisissez le format et notez que le « carrousel » est préférable pour afficher plusieurs images ou vidéos détaillant vos offres ou votre entreprise.

Les publicités PPC personnalisées sont les meilleures : comme pour les publicités YouTube, les gens remarquent des graphiques, des photos et des vidéos de qualité. Plus important encore, presque tout le monde passera immédiatement à côté des mauvais. Concentrez-vous sur la simplicité et les visuels attrayants. Comme toujours, assurez-vous d'intégrer des éléments de votre stratégie de marque.

Lors de la conception de votre publicité et de la rédaction de votre texte, pensez à la proposition de valeur de l'annonce : vous avez besoin de quelque chose de si collant ou attrayant que les gens ne manqueront pas de s'y intéresser. Il peut s'agir d'une remise importante, d'un produit unique, d'un service local ou d'un message déchirant. Quoi qu'il en soit, assurez-vous qu'il est clairement indiqué dans le titre, le texte principal et les graphiques. Les spécifications de l'annonce sont les suivantes :

- **Annonces illustrées** : Taille : 1 200 x 628 pixels. Rapport : 1,91 :1.
- **Annonces vidéo** : Taille du fichier : 2,3 Go max. Taille des vignettes : 1 200 x 675 pixels.
- **Publicités carrousel** : taille de l'image : 1 080 x 1 080 pixels.
- **Diaporama publicitaire** : Taille : 1 289 x 720 pixels. Ratio : 2 :3, 16 :9 ou 1 :1.

Assurez-vous de remplir les cinq options possibles pour le titre et le texte de description (encore une fois, travaillez à rebours pour identifier les plus performants à partir d'un ensemble de départ solide). N'utilisez pas trop de mots-clés et n'essayez pas d'avoir l'air d'un piège à clics, communiquez simplement votre valeur.

Enfin, choisissez un bouton d'appel à l'action pertinent. Une fois que c'est fait, vous avez réussi à créer une campagne, un ensemble de publicités et une publicité. Il ne vous reste plus qu'à cliquer sur Publier.

Suivez la même stratégie que celle décrite dans la section Google Ads, qui consiste à répartir votre budget entre plusieurs annonces et ensembles de publicités, à supprimer les annonces les moins performantes, à effectuer des tests A/B sur les plus performants et à poursuivre ce processus au fil du temps (ou dans la mesure où cela sert le mieux votre entreprise). Pour finir, voici quelques conseils rapides à prendre en compte :

- Créez des publicités Facebook Canvas : bien qu'elles nécessitent plus d'efforts, il est prouvé qu'elles augmentent l'engagement.
- Augmentez la visibilité de vos publications grâce à l'objectif « engagement ».
- Tirez parti de l'outil « audience similaire ».
- Choisissez de ne diffuser des annonces que sur ordinateur ou sur mobile (selon ce qui correspond le mieux à votre entonnoir).

Ceci conclut les publicités Facebook. Notez que les changements en matière de confidentialité obligent Facebook à mettre à jour souvent ses mécanismes de suivi. Ce livre sera mis à jour chaque année pour refléter les conditions actuelles aussi précisément que possible, mais comprenez que le processus d'installation peut différer au fil du temps.

Publicités Instagram

Les publicités Facebook s'affichent automatiquement sur Instagram. Cette section concerne la fonctionnalité « posts sponsorisés » sur Instagram, qui permet aux utilisateurs de promouvoir des publications Instagram comme s'il s'agissait de publicités. Les publicités Instagram sont un excellent moyen d'augmenter la visibilité et de gagner rapidement un public sur Instagram.

Pour promouvoir des publications, connectez-vous à un compte Instagram professionnel (professionnel). Accédez à « Outils publicitaires » et appuyez sur « choisir une publication ». Choisissez la publication que vous souhaitez promouvoir : si vous n'avez pas encore connecté votre compte Instagram à la page Facebook de votre entreprise, c'est le moment.

Ensuite, définissez l'objectif de la publicité, personnalisez l'audience que vous souhaitez atteindre et choisissez votre budget. Votre publicité commencera à être diffusée sous peu : restez à jour avec les analyses via le bouton d'analyse de chaque publication ou le bouton « Outils publicitaires ».

Si vous avez une boutique Instagram associée à votre page, vous pouvez taguer vos produits dans une publication, puis mettre en avant cette publication pour les inclure dans une publicité.

Bien que les publicités Instagram ne soient pas aussi susceptibles de fournir des résultats asymétriques que des plateformes telles que Google ou Facebook, elles sont particulièrement stables et cohérentes dans les résultats qu'elles fournissent et, comme indiqué, constituent un excellent moyen d'augmenter l'exposition et de développer un public.

Considérez les analyses d'une de mes publications de promotion à petite échelle. 200 $ de dépenses publicitaires ont généré environ 1 400 likes, 70 partages et 5 881 visites de profil, qui se sont converties en plusieurs centaines de nouveaux abonnés. Sur un compte relativement petit, cela a été un grand coup de pouce à la croissance de la page et à l'exposition de l'article.

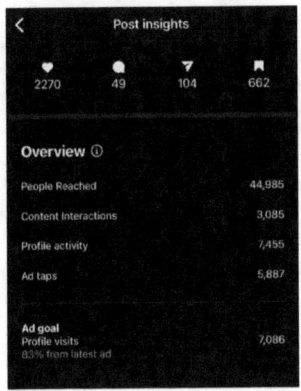

Malheureusement, Instagram n'offre actuellement pas de récompenses aux nouveaux utilisateurs d'Instagram Ad. Si vous souhaitez obtenir un crédit pour créer une publicité via Facebook qui pourrait être partagée sur Instagram (sans l'avantage d'engagement et d'exposition de la promotion d'une publication), reportez-vous à la section Publicités Facebook.

Nous avons maintenant couvert les principales plateformes publicitaires : Facebook, Instagram, Google et YouTube. Nous allons maintenant explorer un deuxième niveau de plateformes publicitaires : Nextdoor, TikTok, Pinterest, Snapchat et Amazon.

Annonces Nextdoor

Cette section a été rédigée avec la perspicacité de Blake Martin, qui a utilisé Nextdoor Ads pour développer son entreprise de peinture de trottoirs et réaliser un bénéfice à six chiffres en tant que lycéen. Nextdoor est un puissant outil de réseautage et de génération de leads pour les entreprises desservant une clientèle locale.

Avec 70 millions d'utilisateurs, Nextdoor s'appuie sur la communauté pour aider les entreprises à se développer : en effet, 88 % des gens font leurs achats dans une entreprise locale au moins une fois par semaine et 44 % se disent prêts à dépenser davantage dans les entreprises locales. Ainsi, tirer parti de Nextdoor comme d'un mégaphone pour atteindre votre communauté locale par le biais de la publicité et du contenu organique est un impératif absolu pour les entreprises ayant des emplacements physiques ou desservant une communauté locale.

Nous examinerons plusieurs techniques de sensibilisation qui se sont avérées bénéfiques pour de nombreuses petites entreprises. Toutes les entreprises doivent créer leur page d'entreprise et partager un premier message présentant leur entreprise sur la plateforme Nextdoor ; Si votre entreprise propose des articles à bas prix et bénéficie le plus d'une clientèle locale récurrente, la publication régulière de contenu organique est une stratégie de premier ordre (par rapport à la publicité, que nous explorerons plus loin).

Dans le message initial, suivez soit le format *de vente vous-même*, soit la méthode *de vente de votre client*. La méthode *de la vente par soi-même* est classique, mais efficace tout de même. Commencez par présenter votre entreprise à la communauté d'une manière personnelle (intégrez votre histoire autant que possible), puis indiquez ce qui vous différencie en tant qu'entreprise par rapport aux autres membres de votre communauté (incluez des visuels pertinents). Comme exemple de première ligne : « Bonjour, je m'appelle Daegan. Je suis coiffeuse à San Francisco et spécialisée dans la résolution de la perte de cheveux.

Nextdoor a un public plus âgé que l'application de médias sociaux typique, donc Daegan s'est démarqué en fournissant une solution à un problème que l'on trouve couramment chez les personnes âgées. Reproduire cela dans votre présentation Nextdoor dépend de l'endroit où vous vivez : il suffit d'analyser les groupes d'âge et les données démographiques de votre communauté.

Dans la publication, incluez également le prix de votre produit/service et terminez avec les coordonnées et l'emplacement du magasin (le cas échéant), ainsi que des remises ou des récompenses. Vous pouvez penser à cette initiale

Le deuxième format de publication, appelé méthode de *vente à votre client*, consiste à amener votre client à considérer les avantages qu'il tirerait de vos produits ou services. Par exemple, au lieu que Daegan se contente de décrire son entreprise, il pourrait publier une photo avant et après de son traitement contre la perte de cheveux. En décrivant un client régulier et la façon dont il résout ses problèmes, les personnes qui correspondent au profil du client cible réagiront fortement - en substance, amèneront le spectateur à réfléchir à ce que votre produit/service pourrait faire pour lui grâce à des indices visuels, des témoignages et un langage attrayant.

Plus important encore, assurez-vous que vos publications racontent une histoire. Sur Nextdoor, vous ne voulez pas ressembler à une publicité générique, mais en même temps, ne faites pas passer votre entreprise pour un passe-temps. Au lieu de cela, racontez une histoire pertinente, professionnelle et engageante qui se termine par un appel à l'action. Assurez-vous d'interagir une fois que vous avez partagé la publication : répondre aux commentaires contribue grandement à renforcer les liens.

En résumé, vous seriez surpris de l'impact qu'une publication forte sur Nextdoor peut avoir sur votre entreprise. Des applications comme Nextdoor ont tendance à illustrer l'effet boule de neige : si votre publication explose, tous les membres d'une communauté se sentiront obligés de donner leur chance à votre entreprise, motivés par le FOMO et le désir de soutenir les entrepreneurs locaux.

Au-delà du contenu organique, la publicité via Nextdoor est un outil puissant idéal pour les entreprises qui vendent des articles ou des services coûteux. Notez que les publicités Nextdoor ne sont pas diffusées sur un modèle PPC, mais que vous payez à l'avance et que les publicités se mélangent avec du contenu organique dans l'onglet « accueil » de Nextdoor. Étant donné que Nextdoor montre aux utilisateurs relativement peu d'annonces par rapport à la plupart des autres plateformes sociales, les conversions sont généralement meilleures, même si le suivi et l'analyse sont moins bons.

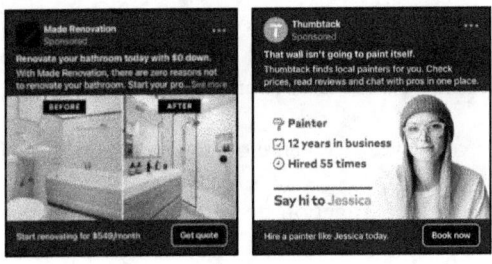

Pour commencer, rendez-vous sur business.nextdoor.com. Cliquez sur « Réclamer votre page d'entreprise gratuite » et assurez-vous d'être connecté avec votre compte Nextdoor personnel. Saisissez le nom, l'adresse et les catégories (choisissez-en plusieurs !) de l'entreprise. En cliquant sur « créer une page », vous serez dirigé vers une page de création d'annonce. Choisissez un objectif pour votre campagne : « obtenir plus de messages directs » est préférable pour les entreprises qui vendent des articles coûteux ou ceux qui s'appuient sur la génération de prospects, « augmenter les visites sur le site Web » est préférable pour une entreprise qui vend une gamme de produits en ligne, et « promouvoir une vente ou une remise » est préférable, comme on peut le deviner, lorsque vous avez une vente ou une incitation forte à promouvoir. En fonction de l'objectif de campagne que vous choisissez, effectuez l'étape suivante en utilisant l'une des deux options suivantes :

Recevez plus de messages directs. Rédigez des invites personnalisées détaillant les FAQ et les questions que les clients potentiels sont susceptibles de poser. Remplissez au moins trois et pas plus de sept.

Faites la promotion d'une vente ou d'une remise et augmentez le nombre de visites sur votre site Web. Pour le contenu publicitaire, concentrez-vous sur la pertinence et l'unicité. Identifiez les principaux arguments de vente et slogans de la section sur l'identité de marque (pour le titre) et utilisez des enquêtes, des statistiques et des témoignages comme preuve sociale (pour l'image). Assurez-vous que le lien de destination redirige vers une page de destination optimisée et que le bouton d'appel à l'action s'adapte à la page de destination.

Ensuite, réfléchissez à la zone dans laquelle vous souhaitez commercialiser vos annonces. Pour ce faire, analysez où vivent vos clients actuels, comment ils vous trouvent et jusqu'où ils seraient prêts à conduire pour votre produit ou service. Commencer par uber local et se développer au fil du temps est généralement la voie à suivre.

Enfin, définissez le budget, puis cliquez sur Publier. Étant donné que les publicités Nextdoor ne sont pas basées sur un modèle PPC, la mise à niveau et l'optimisation des campagnes publicitaires au fil du temps consistent en grande partie à diffuser de nombreuses publicités à faible coût (3 à 10 dollars par jour) et à faire évoluer les dépenses publicitaires au fil du temps vers les plus performants.

Nextdoor a vraiment fait des merveilles pour mon entreprise, et je crois fermement qu'il peut faire de même pour de nombreuses entreprises qui dépendent de leur communauté locale pour se développer et prospérer. Peut-être que votre voisin sera votre meilleur client après tout !

Publicités TikTok

Sur TikTok a récemment pris d'assaut le monde de la publicité, et de nombreux vendeurs en ligne en parlent comme d'une ruée vers l'or. Les publicités TikTok fonctionnent mieux pour les entreprises qui cherchent à cibler des publics de moins de 30 ans avec des produits ou des services proposés en ligne (par exemple, n'essayez pas de faire de la publicité locale sur TikTok). Les publicités TikTok sont diffusées sur d'autres applications du réseau TikTok, notamment Pangle et BuzzVideo.

Toutes les publicités TikTok sont courtes et orientées verticalement ; Extrêmement court fonctionne mieux, donc sous la barre des 15 secondes (bien qu'encore plus court soit souvent mieux). Un message visuellement attrayant, ainsi qu'un message percutant, sont indispensables.

Lors de la configuration de votre première campagne, vous serez invité à choisir les emplacements publicitaires sous « créer » : vous pouvez soit opter pour le placement automatique, où TikTok choisit pour vous, soit opter pour le mode manuel et sélectionner l'endroit où vous souhaitez que vos publicités soient diffusées. Dans un premier temps, il est préférable d'opter pour le placement automatique ou de tester une grande variété de placements manuels avec un budget limité. Vous pouvez ensuite créer des audiences personnalisées comme vous le feriez sur

Facebook (notez que les « groupes publicitaires » TikTok sont équivalents aux « ensembles de publicités » Facebook). Notez que TikTok dispose d'un pixel similaire à celui du pixel Facebook.

Pour conclure, je ne recommanderais pas de pousser les vidéos TikTok sous forme de publicités simplement pour augmenter l'exposition et développer un public. Il n'est tout simplement pas difficile de se développer sur TikTok grâce à un contenu organique par rapport à presque toutes les autres plateformes sociales, et il est peu plausible d'atteindre le seuil de rentabilité grâce à des publicités conçues pour augmenter l'exposition. J'ai travaillé avec une entreprise qui avait investi des milliers de dollars dans les publicités TikTok dans ce but précis – leur compte, bien qu'il ait été vérifié et qu'il dispose d'une grande équipe sociale, s'est effondré et n'a accumulé que quelques centaines de milliers de likes, ce qui s'est traduit par un nombre d'abonnés inférieur à 10 000 et une perte presque complète en termes de ROAS.

Au lieu de cela, tirez parti des publicités TikTok dans le fil d'actualité pour encourager les utilisateurs à visiter une page de destination. Allez-y dès getstarted.TikTok.com.

Édnnote

Et voilà! C'est votre introduction rapide aux six principales plateformes de publicité au coût par clic. Nous n'avons pas tout couvert, mais nous avons couvert les bases qui vous donnent la possibilité de commencer immédiatement à utiliser ces plates-formes avec succès, et d'utiliser ce texte comme tremplin pour un apprentissage ultérieur.

Cela dit, bonne chance dans l'utilisation de la publicité payante pour développer votre entreprise. Nous vous encourageons !

© Année 2024

———————————————

⁄ Nextdoor : Rénovation faite, punaise

www.ingramcontent.com/pod-product-compliance
Lightning Source LLC
LaVergne TN
LVHW021230080526
838199LV00089B/5981